DE LA DÉLINQUANCE

chez les militaires atteints de

DÉMENCE PRÉCOCE

PAR

Le Docteur Paul ROUTIER de LISLE

MÉDECIN DE 2ᵉ CLASSE DE LA MARINE

CHEVALIER DE LA LÉGION D'HONNEUR

MÉDAILLE MILITAIRE — CROIX DE GUERRE

BORDEAUX

IMPRIMERIE DE L'UNIVERSITÉ ET DES FACULTÉS

Y. CADORET

17, RUE POQUELIN-MOLIÈRE, 17

1921

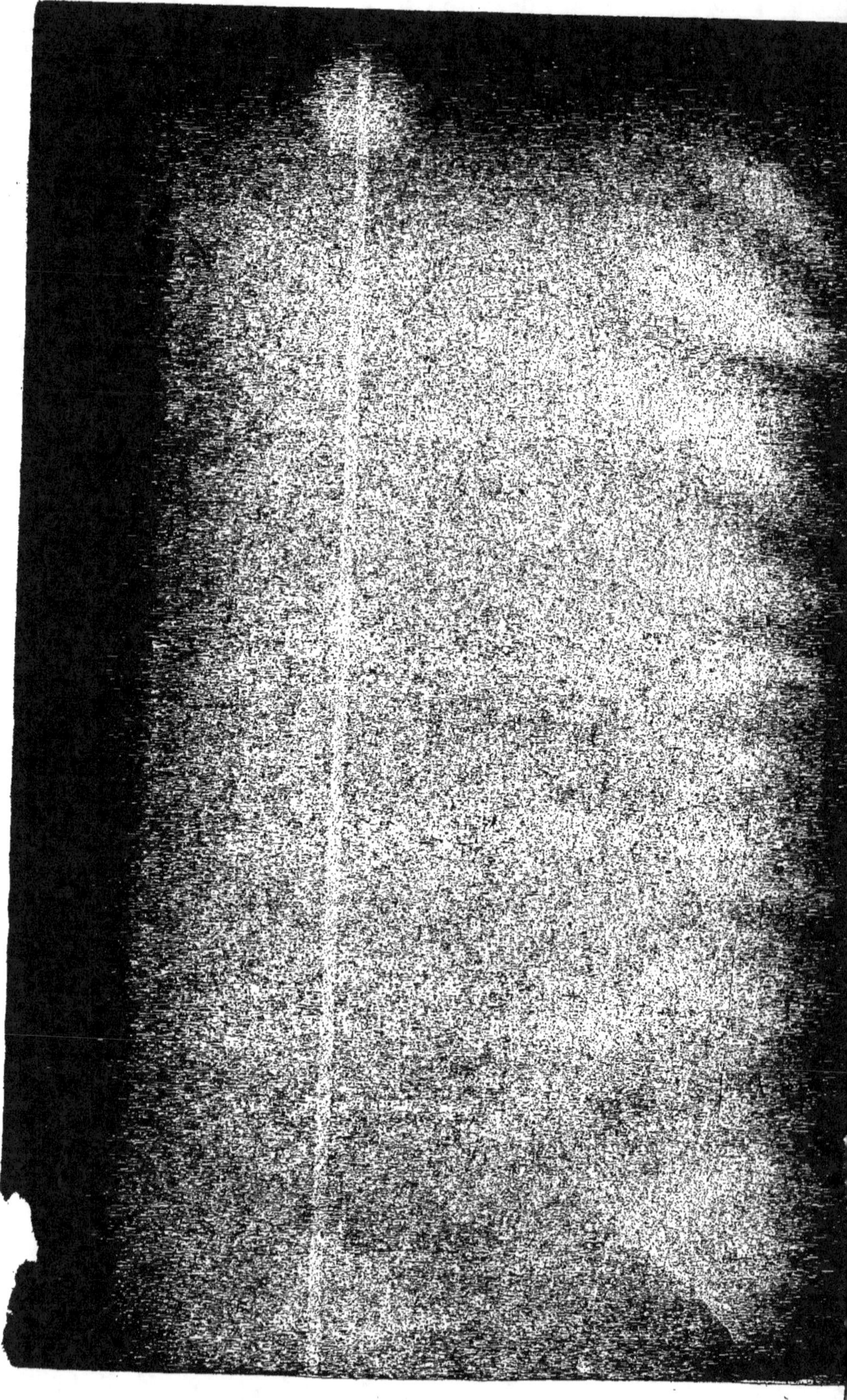

DE LA DÉLINQUANCE

chez les militaires atteints de

DÉMENCE PRÉCOCE

PAR

Le Docteur Paul ROUTIER de LISLE

MÉDECIN DE 2ᵉ CLASSE DE LA MARINE
CHEVALIER DE LA LÉGION D'HONNEUR
MÉDAILLE MILITAIRE — CROIX DE GUERRE

BORDEAUX
IMPRIMERIE DE L'UNIVERSITÉ ET DES FACULTÉS
Y. CADORET
17, RUE POQUELIN-MOLIÈRE, 17

1920

A MON PÈRE — A MA MÈRE

A MON GRAND-PÈRE

A MON ONCLE Eugène BELLARD

Médecin principal des troupes coloniales,
Ancien médecin de la Marine,
Officier de la Légion d'honneur.

A LA MÉMOIRE DE MES CAMARADES

MORTS GLORIEUSEMENT POUR LA FRANCE

A MES PARENTS — A MES AMIS

1

A Monsieur le Docteur BELLOT

Médecin général de 1re classe de la Marine,
Directeur de l'École principale du Service de Santé de la Marine et des Colonies,
Commandeur de la Légion d'honneur,
Officier de l'Instruction publique.

A Monsieur le Docteur HESNARD

Médecin de 1re classe de la Marine,
Chevalier de la Légion d'honneur.

Qui fut pour moi un guide aussi éclairé
qu'aimable. Hommage reconnaissant.

A MES MAITRES DE LA MARINE

A MES CAMARADES
DE LA MARINE ET DE LA FACULTÉ

A Monsieur le Docteur DELAHET

Médecin de 1re classe de la Marine,
Médecin chef de Service du Centre de neuro-psychiatrie de la Marine à Toulon,
Chevalier de la Légion d'honneur.

En reconnaissance des conseils bienveillants
donnés et des précieux documents fournis pour
m'aider à faire ce modeste travail.

A MES MAITRES DE LA FACULTÉ DE BORDEAUX

A mon Président de Thèse,

Monsieur le Professeur ABADIE

*Professeur de Clinique Psychiatrique à la Faculté de Médecine
de Bordeaux,
Médecin des hôpitaux,
Chevalier de la Légion d'honneur,
Décoré de la Croix de guerre,
Officier de l'Instruction publique.*

Veuillez agréer, cher Maître, l'expression de
ma profonde reconnaissance pour l'honneur
que vous m'avez fait en acceptant la présidence
de cette thèse, travail modeste et peu digne
de votre enseignement.

DE LA DÉLINQUANCE

chez les militaires atteints de

DÉMENCE PRÉCOCE

APERÇU HISTORIQUE

La question de la démence précoce chez les militaires a suscité de nombreux travaux de la part des aliénistes (Régis et ses élèves, Antheaume et Mignot, Saporito, J. Lépine, Pactet, etc.) et des médecins militaires (Haury, Simonin, Chavigny. Hesnard, etc.), principalement avant la guerre.

Depuis la guerre, la question a été traitée à nouveau à plusieurs reprises, soit dans des études de détail, soit dans des ouvrages consacrés à la psychiatrie et à la médecine légale militaire (Lépine, Porot et Hesnard, etc.).

Signalons tout particulièrement la thèse de Kagi, élève du professeur Régis (1905), l'ouvrage d'Ilberg (1907), la thèse de Guilguet (1908), etc.

Cette question a été envisagée à des points de vue différents : fréquence des différentes formes chez les jeunes soldats, réactions auxquelles la maladie donne lieu, dépistage des déments pré-

coces dans le milieu militaire, et surtout diagnostic différentiel de la démence précoce et de la simulation.

Nous n'avons voulu faire ici ni l'histoire de cette maladie, ni
sa description clinique ou médico-légale. Nous nous bornerons
à attirer l'attention sur quelques points intéressants au sujet
desquels il nous semble que tout n'a pas été dit par nos prédé-
cesseurs : tout particulièrement sur l'aspect spécial de la délinquance militaire au début de l'affection, et sur les petits symptômes avant-coureurs, d'ordre surtout somatique, qui nous
paraissent avoir la plus grande valeur diagnostique dans le
milieu militaire ou naval.

I

Démence précoce et dégénérescence mentale.

Dans presque tous les antécédents des déments précoces qu'il nous a été donné d'observer et de traiter dans l'armée, on rencontre la délinquance; rien n'est plus compréhensible si l'on songe que la démence précoce, quelles qu'en soient la cause efficiente et la forme, évolue très souvent sur un terrain de dégénérescence mentale plus ou moins profonde.

Régis admettait deux formes nosologiques de démence précoce : la première, constitutionnelle et dégénérative; la seconde, *accidentelle* et post-confusionnelle, parente sinon fille de la confusion mentale chronique. Dans la première, il faisait surtout rentrer les cas à début insidieux, entre autres les formes hébéphréniques chez des sujets jeunes. Dans la seconde, les formes consécutives à un accès de confusion mentale ayant tourné à la chronicité. D'autre part, on peut, sans grande invraisemblance clinique, considérer, à l'exemple de certains auteurs, toutes les démences précoces comme des psychoses de dégénérés. Cette conception peut alors admettre deux catégories de déments précoces, dans chacune desquelles on rencontre toutes les formes sans distinction :

1° Les déments précoces à hérédité lourde, aux symptômes manifestes de dégénérescence présentant notamment souvent des stigmates physiques grossiers (déments précoces que nous appellerons : « lourdement dégénérés »);

2° Les déments précoces moins atteints par la dégénérescence.

Chez les premiers, nous avons cru remarquer : 1° la prépondérance et l'intensité des signes physiques (stigmates de dégénérescence et aussi symptômes de maladie physique) ; 2° toutes les manifestations de l'automatisme physique. C'est surtout chez ceux-là que se rencontrent les antécédents chargés d'actes pervers et de délinquance.

Chez les seconds, les signes physiques sont moins accusés ; les signes mentaux sont toujours au premier plan et constituent tout le tableau clinique. L'évolution des symptômes est moins spontanée chez eux, soit que nous notions dans l'étiologie quelque accident grave comme cause plus ou moins efficiente de l'affection, soit que nous ayons affaire à une démence précoce, s'installant sur un fond de confusion mentale devenue chronique.

Les premiers nous intéresseront aussi beaucoup plus pour une autre raison. Nous nous efforcerons de résoudre certains points relatifs au sort et à la responsabilité de certains délinquants de l'armée qui sont ou qui deviendront des déments précoces et chez lesquels on observe déjà les premiers symptômes de l'affection. Or, dans l'armée, les déments précoces « lourdement dégénérés » sont de beaucoup les plus fréquents, les autres se trouvant éliminés par l'âge ou par les affections mentales ayant précédé la démence précoce.

Cette étude, d'ailleurs, complète celle du problème, si angoissant à l'heure actuelle, des dégénérés dans l'armée. Quelle est la conduite à tenir vis-à-vis d'eux, suivant leurs tares, leur valeur, le pronostic des syndromes névropathiques prémonitoires qu'ils peuvent présenter? Quelle responsabilité actuelle ou rétrospective doit-on accorder à leurs délits? C'est, bien entendu, la question de la délinquance aux tout premiers débuts de la démence précoce sur laquelle nous insisterons surtout.

II

Caractères de la démence précoce chez les malades militaires qu'il nous a été donné d'observer : tous ont été des délinquants.

Nous avons dit que chez les « lourdement dégénérés » la démence précoce nous paraissait affecter une forme particulière. Nous allons montrer que, chez nos malades, envoyés presque tous pour expertise après délit dans le Centre neuro-psychiatrique de Toulon, soit au cours de leur démence précoce, soit avant, l'affection mentale présente les mêmes symptômes. Nous allons signaler que certains signes physiques ont quelquefois précédé l'apparition des phénomènes mentaux et décelé le début de la maladie; or, chez nos malades, ces signes physiques présentent les mêmes caractères et se rencontrent tous au même titre. Ces signes ne sont-ils pas d'ailleurs beaucoup plus accusés chez eux, qui sont des dégénérés typiques, dont les tares ont pu se dissimuler plus ou moins jusqu'à l'heure de leur entrée dans la phase démentielle, dont la responsabilité n'a pu être bien déterminée jusqu'à l'apparition des symptômes démonstratifs de la démence précoce?

Nous pensons que, d'une façon générale, chez les déments précoces, les réactions automatiques, proches des réflexes, remplacent les autres réactions sociales morbides ou, en tout cas, prennent le pas sur ces dernières, d'autant plus précocement que le processus de déchéance est plus avancé. Ceci peut s'expliquer, schématiquement parlant, par la diminution du contrôle psychique à la réflectivité en général, les centres corticaux ne jouant plus leur rôle inhibiteur. Nous verrons d'ailleurs qu'on explique de la même façon l'impulsivité et l'automatisme psychique des dégénérés en général par la diminution ou la déséquilibration constitutionnelles des réactions corticales et la prépondérance des réactions du psychisme inférieur, ou, suivant l'expression de Grasset, des fonctions polygonales.

Ces conceptions, un peu schématiques il est vrai, peuvent faire comprendre facilement, dans ses grandes lignes, la psychopathologie de la démence précoce. Elles en éclairent également la symptomatologie, surtout chez nos dégénérés délinquants. Elles nous permettent de comprendre chez eux la fréquence de certains signes physiques, leur prépondérance en clinique et surtout leur importance en médecine légale.

Bien que nombre d'auteurs, comme Kraeplin, n'étudient les symptômes physiques que pendant la période d'état de la démence précoce, il est intéressant pour nous de signaler que certains de ces symptômes existent déjà *pendant la période prodromique,* alors que nulle manifestation psychique, si ce n'est justement la délinquance, ne peut faire penser à une affection mentale ou à la démence précoce.

C'est ce dernier point, croyons-nous, qui fait le principal intérêt de note thèse. Aussi donnons nous dès maintenant l'énumération de ces symptômes physiques.

Importance des signes physiques au début
de la démence précoce.

Ces signes physiques sont d'ordre banal en clinique neuropsychiatrique. Nous nous bornerons donc à les énumérer et à indiquer leurs caractéristiques spéciales à retenir.

1° *Troubles de la sensibilité générale* souvent modifiée ; diminuée dans le plus grand nombre des cas ; chez les grands dégénérés, elle est presque toujours abolie. Chez notre malade de l'observation I, on peut traverser la pulpe du doigt avec une épingle. Dans l'observation II, le docteur Delahet signale une anesthésie tégumentaire à la piqûre, même aux endroits les plus sensibles. Le malade de l'observation III présente, d'après le rapport médico-légal du docteur Delahet, une anesthésie complète à la piqûre. Dans l'observation IV, on nous signale de l'anesthésie à la piqûre. Dans l'observation VI, le docteur Delahet nous signale toujours le même symptôme. Enfin nous avons observé nous-même chez Don J. C..., dans l'observation VI, prise par nous, une anesthésie totale.

2° *Troubles des réflexes*. — Dide a décrit un syndrome réflexe de la démence précoce, qu'on peut rencontrer d'ailleurs dans d'autres affections mentales. Il consisterait en : 1° Exagération des réflexes tendineux ; 2° diminution ou abolition des réflexes cutanés ; 3° hypertonus musculaire.

Chez nos six malades pris au hasard dans le Centre de neuro-psychiatrie de Toulon, on note ces troubles dans leur expression la plus nette. Chez R... (Obs. I), réflexes tendineux exagérés, réflexe cutané plantaire aboli, muscles en état de contracture Chez B... (Obs. II), hypertonus musculaire, exagération des réflexes tendineux, rotuliens et achilléens, abolition des réflexes cutanés plantaire et crémastérien. Chez G... (Obs. III), exagération des réflexes rotuliens. Chez M... (Obs. IV), exagération des réflexes rotuliens et radiaux. Chez C... (Obs. V), réflexes rotuliens exagérés, plantaires abolis. Chez J... (Obs. VI), réflexes tendineux exagérés, cutanés paresseux, plantaires abolis.

Nous pouvons ajouter à ces symptômes cardinaux : 1° L'hypertension fréquente du liquide céphalo-rachidien (Obs. IV) ; 2° la trémulation très fréquente (Obs. IV) ; 3° les troubles vaso-moteurs, œdèmes, refroidissement des extrémités, etc. (Obs. III) ; 4° des troubles du sommeil (Obs. VI) ; 5° des troubles de la température centrale.

Ce qu'il est essentiel de retenir, c'est l'importance des signes physiques dans le diagnostic d'une démence précoce au stade initial, d'une démence précoce à sa « période médico-légale ». Ces symptômes, quand on en relève plusieurs chez le même sujet, constituent, avec la délinquance, les actes pervers, les tatouages et le changement de caractère, un ensemble clinique qui doit faire penser à une démence précoce au début.

Il faudra faire le diagnostic différentiel avec l'hystérie, en ce qui concerne les troubles de la sensibilité et quelquefois les troubles réflexes ; l'épreuve de la faradisation carotidienne pourra nous aider en décelant une crise. Il nous faut néanmoins nous méfier des démences précoces à début hystériforme, qui sont loin d'être rares, et de l'association fréquente des deux affections au début de la démence précoce.

Nous ne négligerons jamais chez un délinquant suspect, envoyé pour expertise, de faire une ponction lombaire. Nous noterons parfois de l'hypertension du liquide céphalo-rachidien, ce qui pourra orienter notre décision vers le maintien de notre malade en observation pendant quelque temps.

*
* *

Enfin, nous terminerons ce chapitre en expliquant pourquoi nous venons de faire une étude détaillée des signes physiques de la démence précoce et de son diagnostic au début à l'aide de ces signes, alors que nous ne faisons pas, dans ce chapitre, une étude des symptômes psychiques.

Quand un dément précoce est dans la phase prodromique (ou médico-légale), il ne présente pas, en effet, de signes psychiques nets, sauf l'altération du caractère et la délinquance. Dès qu'apparaissent ces signes, notre religion s'éclaire d'elle-même. Nous sortons donc du sujet de cette thèse qui est de déceler la démence précoce avant qu'elle ne soit déclarée comme telle, au moment où les délits, les fugues, les actes pervers en sont les seules manifestations d'ordre intellectuel.

Cependant la description de la maladie dans les observations nous intéressera au point de vue de la responsabilité antérieure et du moment bien délicat à saisir où le dégénéré a commencé à sombrer dans la démence, du moment où il a présenté des symptômes dénotant son irresponsabilité, décidant le psychiatre, par là même, à demander la suspension des peines en cours.

Cette description nous intéressera aussi au point de vue du mécanisme psycho-pathogénique. En effet, nos déments précoces, délinquants de l'armée ou de la marine, présentent certains troubles psychiques identiques dénotant une certaine identité de forme. Or, cette identité doit répondre au processus de déchéance de la vie affective et morale que nous rencontrons chez eux. Cette déchéance, accompagnée par le négativisme, la stéréotypie, la catatonie, etc., ne pourrait-elle pas être considérée comme l'expression la plus intense de l'automatisme psychique, favorisé par le terrain dégénératif sur lequel il évolue ? Tout comme l'exagération de la réflectivité — tendineuse par exemple — est l'expression de la prépondérance de l'automatisme médullaire, chez ces mêmes sujets à la fois psychiquement tarés de façon constitutionnelle et organiquement déchus ?

III

Caractères des délits : fugues et actes pervers.

Chez les malades observés et traités dans le Centre de neuro-psychiatrie de la marine de Toulon, nous avons toujours constaté la délinquance ; les délits se manifestent le plus souvent pendant la période prodromique où aucun symptôme net de démence précoce n'existe encore, à part quelques ébauches de signes physiques ou même quelques signes physiques isolés nets qui peuvent mettre sur la voie du diagnostic.

Dans les six observations que nous présentons avec ce travail, les caractères de la délinquance nous ont semblé remarquables par leurs particularités très spéciales et toutes semblables dans leur nature. Par l'étude de ces caractères, nous pourrons voir comment on peut considérer les délinquants en question comme suspects de démence précoce au début ou de dégénérescence avec troubles mentaux évoluant vers la démence précoce.

1° *Fugues*. — Dans les observations I, II, III, IV, nous constatons que tous les malades ont été déserteurs et ont souvent récidivé.

Dans l'observation V, le matelot C. T... se trouvait en état d'absence illégale de deux jours, après permission, lorsqu'il fut rencontré se livrant sur la voie publique à des excentricités qui attirèrent l'attention de la police ; il courait nu avec une couronne mortuaire à la main.

2° *Vols*. — R..., déserteur (Obs. I), se laisse embaucher par une bande de cambrioleurs ; B... avait été condamné pour vols et recels (Obs. II); C. T... (Obs. V) vole une couronne mortuaire à un étalage pour faire du scandale sur la voie publique. Don J... (Obs. VI) a subi plusieurs condamnations pour vols; nous remarquerons que l'objet de ces vols était toujours sans utilité et dénotait simplement une amoralité et des impulsions non vaincues par la volonté du délinquant (une balle de tennis, un petit chien, une paire de chaussettes et d'autres objets hétéroclites). Ces vols étaient commis avec bravade sans la moindre précaution.

3° *Outrages*. — Don J... (Obs. VI) insulte ses juges.

En résumé, nous avons observé chez tous nos délinquants des fugues qui se traduisent, dans l'armée, par des désertions; c'est le délit le plus fréquent et le plus important. Le déserteur, quelquefois pris de remords, se dénonce de lui-même. Nous avons observé encore des vols de nature particulière, vols inutiles, incohérents, résultats quelquefois de la mise à exécution d'une impulsion, vols commis avec bravade sans précaution. Nous avons noté une tendance aux manifestations étranges en public, tendance à se montrer. Nous avons à retenir enfin l'auto-dénonciation.

Nos observations s'accordent donc avec celles de Mlle Pascal qui signale comme actes médico-légaux, chez les déments précoces, les fugues, le vol, l'auto-dénonciation, etc.

Ce qu'il faut noter dans l'attitude de nos délinquants, c'est le caractère impulsif de tous leurs délits, le maniérisme et l'attitude théâtrale de leurs manifestations plus ou moins délictueuses.

Tous ces caractères tiennent à ce que nous avons affaire à des dégénérés, et nous rencontrons ici les premiers symptômes de l'automatisme psychique qui en sera l'expression — exagérée par la déchéance — chez le dément précoce; en effet, nous trouvons de l'impulsion, du rêve vécu, de l'instabilité.

Nous compléterons cette étude par la constatation, chez presque tous nos malades, de tatouages d'une nature un peu spéciale et presque toujours à signification plus ou moins subversive.

Il semble que nos malades veulent étaler leurs tendances perverses et antisociales; qu'ils tiennent à porter sur eux-mêmes l'expression de leur amoralité; et là, nous notons encore le maniérisme, l'attitude théâtrale, symptôme dont nous avons parlé plus haut.

IV

Observations.

Les six observations qui suivent pour venir à l'appui de cette
étude ont été prises dans le Centre de neuro-psychiatrie de la
marine à Toulon. Les cinq premières ont été prises par M. le
Dr Delahet, médecin de 1re classe de la marine, chef du Centre ;
la sixième a été prise par nous-même dans ce service dont
nous sommes actuellement médecin assistant.

Nous y trouvons différentes formes de démence précoce. Mais
certains symptômes spécifiques sont à rapprocher les uns des
autres, surtout en ce qui concerne les signes physiques. Nous
avons, en effet, retrouvé toujours ces signes chez les « lourdement
dégénérés ». La délinquance a été la règle pour ces six malades, et cette délinquance a souvent précédé de longtemps les
premiers symptômes de la démence précoce confirmée.

OBSERVATION I

Docteur DELAHET.

Matelot sans spécialité.

Mention du billet d'entrée : En observation pour troubles mentaux ;
sort de la prison de Nice après quinze mois d'internement. — Ramené
hier matin comme déserteur. — Signé : Dr ROBIN.

Observation. — Rien à signaler au point de vue héréditaire ; appartient à une famille très honorable.

Exerçant comme matelot la profession de cuisinier, n'avait jamais
rien présenté de particulier dans son enfance.

Se trouvait à Athènes, le 1er décembre 1916, au moment du guet-apens grec, quand, quelque temps après, étant en permission à Marseille chez ses parents, ceux-ci constatèrent son changement de caractère : instabilité, apparence méditative, périodes de loquacité alternant avec du mutisme : il racontait des histoires incohérentes et invraisemblables, disant, par exemple, que son bâtiment (*L'Edgard-Quinet*) avait était bombarbé par les Grecs et avait eu ses cheminées enlevées. Par instant, il avait des impulsions brutales : quand sa mère lui apportait à manger, il lui arrivait de saisir l'assiette d'un geste brusque et de la jeter par terre avec les aliments qu'elle contenait. Néanmoins, sa famille ne crut qu'à un peu de bizarrerie passagère causée par les fatigues de la campagne.

A cette époque, il fut remarqué aussi que le sujet accusait des prétentions artistiques, d'ailleurs vagues, polymorphes et disproportionnées avec ses capacités.

C'est quelque temps après que R... déserta et se laissa embaucher par une bande de cambrioleurs. Cet entraînement au mal témoignait déjà évidemment d'une suggestibilité démentielle. Mais ayant été arrêté et non soumis à une expertise mentale, il fut condamné par les tribunaux civils à dix-huit mois de prison pour vol. C'est ainsi qu'il a passé quinze mois à la prison de Nice, d'où il provient, ayant été dirigé sur Toulon, quand on s'est aperçu qu'il s'agissait d'un déserteur de marine.

Le médecin du dépôt constate son attitude étrange, l'envoie à l'hôpital.

A son arrivée à Saint-Mandrier, on constate de l'inertie, de la désorientation et du négativisme.

Le sujet ne répond pas. C'est à peine si on peut obtenir son nom ; à toutes les questions, il répond : « Je ne sais pas. »

Par contre, il existe de l'automatisme verbal avec stéréotypie. Ce malade répète constamment ces mots : « Des vers ! des vers ! ». Cela répond à une hallucination cœnesthésique dans laquelle il s'imagine avoir des vers dans le ventre, et cela conditionne une stéréotypie active de défense caractérisée par la manie de parler en appliquant en permanence sur l'abdomen le couvercle de son vase de nuit.

L'indifférence émotionnelle quant aux objets extérieurs paraît absolue. Néanmoins, à l'occasion de la ponction lombaire, le malade a témoigné un peu d'anxiété et, à ce moment-là, a répété plus que jamais son éternelle phrase : « Des vers ! des vers ! ».

D'autre part, quand on esquisse un geste de menace, il prend un air terrifié.

Sujet anémié, teint blafard avec des yeux hagards, aspect rappelant celui des vagabonds, attitude figée avec raideur catatonique des avant-bras qui sont en flexion permanente; les mains sont raides, les doigts rapprochés les uns des autres et figés en extension. Les paumes constamment appliquées contre les flancs.

Pas de stigmates de dégénérescence très manifestes; on constate cependant une bicoloration de l'iris et de l'œil gauche.

Mouvements automatiques de marmottement des lèvres; secousses myocloniques du visage; trémulation atténuée du corps qu'on perçoit bien quand on prend à deux mains le crâne ou les épaules. Anesthésie totale des membres à la piqûre; on peut traverser la pulpe des doigts avec une épingle.

Réflexes tendineux, rotuliens et achilléens exagérés. Le réflexe cutané plantaire est au contraire aboli. Au point de vue digestif, quelques vomissements alimentaires intermittents.

Observation II
Docteur Delahet.

B..., âgé de 20 ans.

Mention du billet d'entrée : En observation à la prison maritime depuis treize jours, a commencé très brusquement à se livrer à diverses excentricités. Est en prévention de conseil de guerre. Est envoyé à l'hôpital pour y être examiné au point de vue de la réalité des troubles mentaux. — Signé : Docteur Ferrand.

18 février 1920 : A son arrivée et les jours suivants, le sujet se présente avec un aspect désorienté et hagard, la tête penchée en avant, regardant alternativement à droite et à gauche d'un air égaré, comme si quelque vision tragique se présentait à lui. Par moment, ses yeux expriment l'angoisse et il profère quelques paroles incohé-

rentes telles que celles-ci : « Ils veulent me tuer; ils ont tué ma mère. » — Impossibilité d'obtenir aucune réponse aux questions posées. Le sujet détourne son regard de celui de l'interrogateur. Légère trémulation d'ensemble. Dilatation pupillaire cyanose des extrémités avec hyperhydrose plantaire. Attitude spéciale des membres supérieurs : les bras sont écartés du corps, les mains en pronation avec, par instants, hyperextension du médius.

Nombreux tatouages sur le corps avec inscriptions telles que celles-ci : « Pas de chance » sur le poignet gauche. « Marche ou crève » sur le dos des pieds.

Vient de la prison d'Aix où il était détenu pour une peine de quatre ans de prison encourue à la suite de vols et recels ; mais B..., qui était déserteur de la marine depuis le 27 mars 1919 et dont l'identité a été finalement reconnue à la suite de ses propres déclarations et d'une lettre adressée par lui au commandant du 1er dépôt, où il se disait tenaillé par le remords d'avoir été un lâche envers sa patrie, a été transféré sur la prison de Toulon le 1er février 1920. Quinze jours après son arrivée à la prison, a manifesté subitement des attitudes excentriques.

Examen. — Un examen détaillé permet de constater les particularités physiques suivantes :

Hypertonus musculaire caractérisé par une flexion habituelle du pouce en dedans, avec demi-flexion des avant-bras, attitude dont le sujet ne se départit que pour allonger parfois le médius et l'index en hyperextension.

Exagération des réflexes tendineux, particulièrement les rotuliens et achilléens, avec abolition des réflexes cutanés, plantaire et crémastérien.

Troubles vaso-moteurs représentés par : cyanose, refroidissement et hyperhydrose des mains, dermographisme, anesthésie tégumentaire à la piqûre, même aux endroits les plus sensibles.

Au point de vue psychique. — Toujours même aspect hagard, automatisme des réactions ; quand un ordre est donné (celui de marcher par exemple), le sujet marche sans s'arrêter avec une démarche spéciale (abduction des membres inférieurs, traînage des pieds).

Son regard est hébété et quelquefois une impression de frayeur le porte à droite et à gauche, puis le rend fixe comme s'il avait quelque vision pénible.

Quand on l'interroge, il répond : « Ils veulent me tuer, c'est les machines qui les entend. » — C'est avec grand'peine qu'on arrive à obtenir une réponse à d'autres questions ; la réponse se résumant toujours à « Je ne sais pas. »

Le tronc est toujours demi-fléchi en avant, léger marmottement des lèvres.

En résumé : automatisme, négativisme relatif, stéréotypie verbale.

OBSERVATION III

Docteur DELAHET.

G... (F.), âgé de 29 ans, soldat au 4e régiment d'infanterie coloniale, entre à l'Hôpital Saint-Mandrier, le 1er juin 1920, sous la mention : « En observation pour crises épileptiformes. »

Une ponction lombaire en date du 5 juin 1920 donne les résultats suivants :

Wassermann.	Négatif.
Examen cytologique.	2 cellules au mm³.
Dosage de l'albumine.	0,40 p. 1.000.

Rapport médico-légal. — Le soldat G... a été envoyé à l'Hôpital Saint-Mandrier à la suite de crises épileptiformes survenues à la prison du 4e régiment d'infanterie coloniale. A son arrivée à l'hôpital, il présentait un état de stupeur et d'incohérence mentale qui nécessita son isolement dans une cellule spéciale.

Néanmoins, on lit : très mauvais antécédents disciplinaires de cet homme ; il appartenait de se mettre en garde contre une supercherie possible.

G..., qui a déjà à son actif plusieurs absences illégales et une désertion antérieure, est signalé comme ayant des fréquentations déplorables ; il a le corps couvert de mille tatouages, dont certains assez subversifs, qui ne sont pas faits non plus pour disposer en sa faveur.

Mais une observation prolongée a montré que les troubles mentaux étaient très réels : stupeur, amnésie, incohérence, alternance irraisonnée de rire et de larmes, stéréotypie des gestes et des attitudes, crises d'émotivité constamment déclanchées par le souvenir de sa mère, vers laquelle, continuellement et en pleurnichant, il demande qu'on le laisse aller. Il paraît complètement ignorer qu'il est en prévention de conseil de guerre et, loin de chercher à rester à l'hôpital, laisse entendre parfois par monosyllabes son désir de retourner à la caserne et d'avoir une permission pour Marseille où habite sa mère. Indifférent, en général, à ce qui se passe autour de lui, il n'exprime que par moment une joie puérile, disproportionnée avec les motifs qui la provoquaient. Son facies est d'ailleurs le siège de grimaces et de tics absolument discordants. Le corps est animé d'une trémulation discrète. Si ces manifestations n'étaient pas déjà suffisantes pour juger l'état de ses facultés, nous aurions, pour corroborer la nature de sa déchéance mentale, une série de signes physiques entièrement objectifs et qui eux échappent absolument à la volonté de l'intéressé et ne peuvent, par conséquent, prêter à suspicion. Ce sont : l'anesthésie totale des téguments à la piqure, même aux endroits les plus sensibles, tels que la pulpe du doigt, l'œdème mécanique du tissu cellulaire par simple percussion, l'hypersudation des extrémités contrastant avec leur frigidité, la vivacité des réflexes rotuliens, l'instabilité de la température axillaire dépassant presque constamment 37 degrés même le matin et enfin l'excès d'albumine dans le liquide céphalo-rachidien retiré par ponction lombaire.

Tous ces troubles sont suffisants pour nous permettre d'affirmer qu'il y a chez le soldat G... des troubles organiques qui conditionnent l'altération de ses facultés. L'affection mentale dont il est atteint représente une forme de démence cataloguée, en psychiatrie, sous la rubrique de « démence précoce ». Comme le fait est fréquent, cette affection s'est annoncée par des crises épileptiformes, premier symptôme ayant attiré l'attention. Mais pour qu'un tel symptôme se produise, il faut déjà qu'il existe dans le cerveau des modifications profondes. Dire à quelle date celles-ci ont commencé à se produire est une tâche impossible, mais ce que l'on peut affirmer, c'est que le soldat G... n'était plus depuis longtemps un individu normal. Il est d'ailleurs porteur de stigmates de dégénérescence qui prouvent que congénitalement le terrain psychique était chez lui des plus débiles et naturellement enclin à déchoir. Cela nous amène à parfaire la définition de sa démence en la qualifiant de « démence précoce dégénérative », affection dûment reconnue en psychiatrie et à présumer rétrospectivement que le libre arbitre n'existait déjà plus au moment où le délit de désertion a été accompli.

En conséquence, nous pouvons conclure :

1° L'inculpé était en état de démence au moment de l'acte, dans le sens de l'article 64 du Code pénal ;

2° L'examen psychiatrique et biologique révèle des anomalies physiques et mentales conditionnant une irresponsabilité absolue ;

3° En raison de l'état mental du prévenu, il y a lieu de proposer son internement dans un asile d'aliénés.

OBSERVATION IV

Docteur DELAHET.

M. M..., matelot au 5° dépôt, 28 ans, envoyé à l'hôpital sur l'ordre du Parquet, le 2 octobre 1920.

Antécédents héréditaires. — Fils unique, mère en bonne santé. Le père, mort probablement d'une attaque d'apoplexie, était alcoolique.

Antécédents personnels. — A contracté le paludisme au Sénégal à l'âge de 16 ans ; diarrhée dysentériforme reparaissant fréquemment depuis lors.

Écolier retardataire ; jusqu'à l'âge de 14 ans se montre instable comme adolescent ; pilotin pendant vingt mois, il fut ensuite cuisinier, mécanicien, typographe et voyageur de commerce tour à tour. Entré au service à 20 ans ; quelque temps après, souffrant de diarrhée, « sans force », dit-il, M... a des idées de persécuté, « ses camarades lui faisaient des misères, ils lui chopaient ses affaires ». Aussi, se trouvant à Marseille, il fait une fugue et va retrouver à Paris son père qui dirigeait une fabrique de plumes. Il y travaille un an, puis va retrouver sa mère à Bordeaux. Dans cette ville, il est barman, puis souffleur au Casino des Quinconces, où il projette de devenir metteur en scène, lorsqu'il est découvert par la police et arrêté.

Depuis son entrée à l'hôpital, il présente des troubles de la perception (illusions auditives et visuelles) et du délire d'influence. « Il voit toutes les nuits un squelette habillé en fantôme, qui, à la lucarne de son cabanon, lui lance des fluides qui l'étouffent ; ce doit être ce fantôme qui a fait mourir son père. Il frappe à la lucarne. M... a un geste de défense : il se cache et le fantôme ne peut le voir. » Au cours d'une ronde, l'infirmier l'a trouvé couché sous son matelas.

Il pleure en racontant sa fugue ou les visites du fantôme et voudrait revenir « au milieu de la collectivité ». Cependant il fait preuve d'indifférence marquée vis-à-vis de sa mère. Depuis quelques jours il a une idée fixe : écrire à son notaire pour vendre la fabrique qu'il a hérité de son père et monter une brasserie et un dancing. D'ailleurs cette idée a pris jour sous la forme d'une lettre (jointe au dossier) et adressée à son notaire. C'est une pièce typique d'inharmonie entre les diverses facultés intellectuelles du prévenu, et démontre bien l'incohérence et le déséquilibre de son état mental.

En résumé, M... est surtout atteint de troubles de la cœnesthésie : illusions sensorielles et interprétations délirantes avec automatisme de l'imagination.

On note une catatonie très nette avec flexibilité cireuse, phénomène révélant une extrême suggestibilité. Le sujet conserve également des attitudes stéréotypées. Son indifférence affective pour autrui contraste avec l'hyperémotivité. Pas de désorientation dans l'espace. Aspect général de dépression, air hébété ; langage traînant, voix faible.

Au point de vue physique on note divers symptômes pathognomoniques d'une démence dégénérative en évolution :

1° Une hypertension marquée du liquide céphalo-rachidien avec hyperalbuminose (0,50 p. 100) ;

2° Hypospadias ;

3° Une exagération nette des réflexes rotuliens et radiaux ;

4° Du dermographisme ;

5° Une tachycardie prononcée et constante (132) ;

6° Une trémulation générale, surtout perceptible en appliquant les deux mains sur le crâne ;

7° Des contractions intermittentes de l'orbiculaire, des muscles zygomatiques de l'élévateur de l'aile du nez et de la lèvre supérieure (en rapport sans doute avec une disjonction des centres inférieurs et du cortex);

8° Une anesthésie marquée à la piqûre.

OBSERVATION V

Docteur DELAHET.

C... (T.), matelot, cuirassé *Voltaire*, entré à l'Hôpital Saint-Mandrier, le 10 novembre 1920, avec la mention : « Cet homme a été ramené par la police. Se promenait nu sur la voie publique. Envoyé en observation dans le service de psychiatrie. »

Observation. — Tatouages présentés par le malade : 1° Région antibrachiale gauche : « Ajaccio et Marseille : mon plaisir. Toulon : mon martyre »; 2° région brachiale moyenne droite : une tête de femme avec ces mots : «.Mort aux vaches »; 3° région mammaire droite, au-dessus du sein : tête de femme; 4° mollet gauche : « Mot de Cambronne ».

Le matelot C... étant revenu depuis deux jours d'une permission passée en Corse n'avait pas rejoint son bord, *Le Voltaire*, et se trouvait en état d'absence illégale. C'est dans ces conditions qu'un jour il fut rencontré se promenant presque nu, vêtu seulement de son tricot et portant à la main une couronne mortuaire, sur le cours Lafayette. D'après le rapport de police, il se trouvait quelques instants auparavant dans un bar, où il se serait déshabillé pour s'élancer ensuite dehors et dérober une couronne de l'étalage d'un magasin.

Conduit d'abord à l'Hôpital Sainte-Anne, puis à l'Hôpital Saint-Mandrier, il y arrive en état d'hébétude, le visage atone et stupide, regardant fixement le sol. Aux questions qu'on lui pose, il ne répond presque pas; dit bien cependant qu'il revient de Corse, qu'il a vingt-cinq ans de service et qu'il appartient au *Voltaire*. Il raconte, comme dans un rêve et sans paraître présent à ce qu'il dit, que sa sœur, morte il y a six mois en Corse, l'appelle par la voix dans son tombeau, que c'est pour cela qu'étant couché chez lui (?) il s'est élancé dehors pour répondre à son appel et lui apporter la couronne qu'elle demandait. La nuit, elle lui apparaîtrait vêtue de blanc et entourée de bougies; elle lui parle et lui dit de venir avec elle. Le malade est invariable sur ce sujet. Il semble qu'il soit en proie à une hallucination obsessive qui ne varie pas et à la réalité de laquelle il croit certainement.

C... présente de ce fait des stéréotypies verbales. Il présente en outre des stéréotypies d'attitude : Inertie pendant de longs moments, les bras pendants, la tête inclinée en avant dans une expression stupide, les yeux fixes, tout le corps étant fixé dans une attitude catatonique.

Cette catatonie s'accuse d'ailleurs par la conservation indéfinie des attitudes passivement imposées et par l'existence du phénomène de la flexibilité cireuse. En outre, on constate une anesthésie tégumentaire totale sur les membres : on peut traverser la pulpe du doigt avec une aiguille sans que le sujet sourcille. Toutefois, si on excite un peu son émotivité (ce que nous avons réalisé par la ponction lombaire), on observe que l'anesthésie est moins marquée.

A l'état habituel, l'indifférence affective est totale. Qu'on l'alimente ou qu'on le mette à la diète, le malade ne s'en soucie pas. Constamment couché la tête contre le mur, il a la manie de changer d'un jour à l'autre la place de son matelas dans le cabanon, lui faisant occuper successivement les quatre coins. Quand il se lève, ce n'est que sur une injonction, et pour se tenir accoté contre le mur, dans l'attitude que nous avons précédemment décrite. Il est désorienté dans l'espace et se croit à Ajaccio.

Négativisme avec inertie. Signe de la poignée de main positif. Exagération des réflexes rotuliens contrastant avec l'indifférence des réflexes plantaires.

Troubles vaso-moteurs : injection conjonctivale ; moiteur des mains.

Pas de modifications du liquide céphalo-rachidien.

Pas de signes d'éthylisme ni de syphilis.

Nombreux tatouages subversifs. Appartient à une région de la Corse où l'on signale un assez mauvais esprit.

N'est néanmoins pas un simulateur, mais un dégénéré qui a versé dans la démence précoce.

A interner à Pierrefeu.

Observation VI (personnelle).

Don J. C..., 18 ans.

Mention du billet d'entrée : Confusion mentale chronique. Hospitalisé au Centre de psychiatrie de Saint-Mandrier, sur demande du médecin-chef dudit centre.

Antécédents personnels. — Dus aux renseignements donnés par sa famille (sa mère) : Élevé au collège de Toulon jusqu'à l'âge de 11 ans, puis, dans la même ville, à l'école Rouvière ; dispositions marquées pour le dessin.

Arrêté à l'âge de 16 ans pour vol. Aurait dérobé au Mourillon une balle de tennis et un petit chien. Trois mois de prison infligés par le Tribunal correctionnel de Toulon ; interjeté appel et est condamné à six mois par le Tribunal d'Aix.

Arrêté derechef à l'âge de 18 ans pour vols (vols d'effets), est condamné à cinq ans de prison (pendant sa comparution devant les juges, il les aurait insultés) ; c'est dans ces conditions qu'il a été envoyé aux bataillons d'Afrique. Soldat au 1er bataillon de marche d'Afrique, il y avait été envoyé directement comme condamné civil.

Interné à Pierrefeu du 29 juillet 1918 au 19 octobre 1918.

Possède son certificat d'études.

Actuellement en prévention de correctionnelle pour vols.

État actuel du malade. — Analyse du sang : Réaction de Wassermann négative.

Troubles psychiques. — 1° *Troubles de l'idéation* : Le malade entre dans le service dans un état de torpeur intellectuelle et d'inertie complètes. Négativisme absolu. Le sujet ne répond pas aux questions qui lui sont posées et ne réagit même pas à l'appel de son nom. Il reste dans la même position sans s'apercevoir qu'on sollicite de lui une réponse.

Il parle continuellement, jour et nuit, sans dormir, répétant toujours les mêmes phrases d'une voix faible et mal articulée. On peut seulement saisir ces mots : « Fils téléphoniques coupés, tranchée reconquise ; Cyrano de Bergerac. » Il semble qu'il soit obsédé par un épisode vécu autrefois au front et que les paroles incohérentes qu'il prononce se rapportent à l'image qui occupe à elle seule le champ de sa conscience, à l'exclusion de tout autre état psychologique. Stéréotypie verbale consécutive.

2° *Troubles de perceptions :* Aucune réaction aux phénomènes extérieurs et aux sollicitations qui viennent des personnes présentes.

Négativisme affectif absolu. Aucun sentiment. Indifférence complète.

3° *Troubles de l'activité :* Dépression et hébétude ; le malade reste dans la même position pendant des heures et n'en change que lorsqu'on le bouge. Le visage reflète une impassibilité complète, figée dans un état de calme indifférent. C'est à peine si ses lèvres se réunissent pour proférer les paroles rapides, toujours identiques, qu'il prononce.

4° *Troubles de la sensibilité :* Les sensibilités cutanées et profondes paraissent abolies.

5° *Troubles de la stabilité :* Contracture réductible et catatonie complète. Le malade reste plusieurs minutes les mains levées ou la tête penchée dans la position où on l'a mis. Flexibilité cireuse.

6° *Sommeil :* Nul.

7° *Étude des réflexes :* Inégalité pupillaire fugace et variable suivant les moments ou les positions.

Réflexes tendineux exagérés. Réflexes cutanés paresseux. Réflexes plantaires abolis.

8° *Examen des différents appareils :* Rien à signaler.

9° *Autres signes visibles à l'inspection :* Pas de stigmates de dégénérescence nets, mais on note sur la peau des tatouages :

Sur le pied gauche : « Marche ou crève. »

Sur les bras : Figures variées. Images symboliques.

Sur les deux épaules : Des étoiles avec cette légende : « D'amour et d'ivresse. »

Sur le cœur : Un cœur avec cette légende : « J'aime où je vais. »

Sur la jambe gauche : Un serpent enroulé.

Le 2 mars 1921, la catatonie a diminué. Le malade réagit vaguement aux sollicitations extérieures, son balbutiement n'est plus continu. Il dort un peu la nuit et demande à manger et à boire.

Conclusion : Démence précoce à forme catatonique (type dégénérative) justiciable d'un internement à Pierrefeu.

CONCLUSIONS

I. — Les caractères de la délinquance chez les déments précoces font souvent penser à la simulation. La fin de la période
prodromique elle-même, riche en manifestations étranges pleines
d'un maniérisme théâtral, imposera souvent l'hypothèse d'une
folie simulée.

II. — Il faut se méfier de commettre une pareille erreur.
Pour cela, la constatation de stigmates physiques de dégénérescence et surtout la présence de signes physiques, tels que
troubles de la sensibilité et de la réflectivité, modification du
liquide céphalo-rachidien, etc., seront d'un secours précieux.

III. — Toutes les fois que l'on rencontrera des dégénérés
délinquants affectant les caractères de maniérisme et de bizarrerie,
il faudra fouiller leurs antécédents, rechercher l'existence antérieure d'actes, répréhensibles ou délictueux, dont la répétition
chez le même individu fera suspecter la démence précoce :
désertions, vols spéciaux, attitudes scandaleuses, etc. D'une
manière plus générale, en raison de la fréquence des fugues au
début de la démence précoce, tout déserteur devra faire l'objet
d'un examen attentif et être soumis à une expertise médicale au
moindre doute sur l'intégrité de ses facultés psychiques.

IV. — Si après enquête, interrogatoire et examen on considère
le diagnostic de démence précoce comme certain, il faut conclure à l'irresponsabilité complète et à l'internement immédiat.
S'il persiste quelques doutes, le malade devra être maintenu en
observation aussi longuement qu'il sera nécessaire avant de

déposer des conclusions médico-légales. Il ne faut pas, en effet, confondre la démence précoce au début avec certains troubles délirants ou impulsifs chez les dégénérés.

V. — Une fois le diagnostic confirmé, il faudra reprendre les antécédents du malade et rechercher les délits antérieurs. S'il reste encore des condamnations à purger, il faudra proposer l'annulation de ces peines, évidemment pour tous les délits où les phénomènes démentiels existaient au moment des faits ayant entraîné les condamnations.

VI. — La séparation sera toujours difficile à faire entre la période de responsabilité pénale chez un « lourdement dégénéré » et la période d'apparition de démence et d'irresponsabilité totale du début d'une démence précoce. La question est souvent angoissante pour l'expert psychiatre, car il hésite entre les trois conclusions suivantes :

a) Responsabilité plus ou moins atténuée s'il croit à l'existence de troubles mentaux indépendants de la démence précoce mais l'ayant précédée ;

b) Responsabilité entière s'il croit que le dégénéré n'était pas encore un dément précoce au moment du délit et que sa dégénérescence n'entraîne aucune irresponsabilité ;

c) Irresponsabilité absolue, s'il pense que les symptômes démentiels avaient fait leur apparition.

Une enquête minutieuse sur la vie du malade et sa conduite antérieure guidera le psychiatre en présence de ces difficultés.

BIBLIOGRAPHIE

ANTHEAUME et MIGNOT. — Les maladies mentales dans l'armée française. Paris, 1909.

BOUCHARD. — L'aliénation mentale dans l'armée. Thèse de Paris, 1910.

BRIAND et ROUGUIER. — Les psychoses dans l'armée. *Archives de médecine militaire*, 1921.

CONGRÈS DES ALIÉNISTES DE NANTES, 1909.

IVe CONGRÈS INTERNATIONAL D'ASSISTANCE DES ALIÉNÉS. — L'aliénation mentale dans l'armée et la marine.

ERMAKOW. — La démence précoce pendant la guerre russo-japonaise. *Archives de neurologie*, 1911.

GAUZY. — L'aliénation mentale chez les militaires. Thèse de Montpellier, 1900.

HAURY. — Les anormaux au régiment.

ILBERG. — Les troubles cérébraux dans l'armée. Halle, 1903.

KAGI. — La démence précoce dans l'armée. Thèse de Bordeaux, 1904.

LACAUSSE. — Les dégénérés étudiés spécialement au point de vue du service militaire. Thèse de Bordeaux, 1889.

LÉPINE. — Troubles mentaux de guerre. Collection Horizon, Masson

MOREL. — Traité des maladies mentales.

RÉGIS. — Traité de psychiatrie, 4e et 5e éditions.

PASCAL (Mlle). — La démence précoce.

GRASSET. — Traité élémentaire de psycho-pathologie clinique.

PACTET. — Les aliénés dans l'armée et les pénitenciers militaires. *Revue de psychiatrie*, 1906.

POROT et HESNARD. — Psychiatrie de guerre. Alcan, 1918 (avec Index bibliographique complet).

— Expertise mentale militaire. Masson, 1918.

TABLE DES MATIÈRES

38,630. — Bordeaux, Imprimerie Y. Cadoret, 17, rue Poquelin-Molière.

291